Cómo Hacer Una Paja

Que Le Volará La Cabeza

(con Ilustraciones)

SAM JONES

DEDICATORIA

Dedicado a Su Hombre.

ÍNDICE

AGRADECIMIENTO

Quiero expresar mi sincera gratitud a mi maravilloso esposo por ayudarme a abrir mi felicidad y experimentar nuevos placeres. ¡Gracias por acompañarme en este divertido viaje!

1. INTRODUCCIÓN:

POR QUÉ DEBE DOMINAR LAS TÉCNICAS DE LA PAJA

Mi esposa me hizo una paja el otro día, y fue probablemente lo más triste que me pasó en América.

–Louis C.K., Comediante

Con demasiada frecuencia, las mujeres piensan en una paja como un movimiento monótono de arriba hacia abajo y no están tan entusiasmadas por complacer a sus hombres con juegos manuales, pero sucede ser una forma de arte si aprenden a hacerlo bien. Las técnicas de la paja están entre las técnicas sexuales más importantes que toda mujer debe aprender. Cuando se hace bien, usted puede dar placer a su pareja casi en cualquier momento y en cualquier lugar. También es excelente para usar cuando no quiere o no puede tener sexo. Por supuesto, para dar una paja fuera de este mundo, usted tiene que aprender algunos trucos. Si fuera su hombre, ¿Querría la misma paja de siempre todos los días... día tras día? ¡Por supuesto que no lo querría! A menudo, tanto hombres como mujeres se ven tan atrapados en las relaciones sexuales y el sexo oral que olvidan el arte de hacer una extraordinaria paja. Tristemente, para un gran número de hombres, la paja también es un aspecto descuidado de los juegos previos y muy subestimado. Es una pena que lo sea, porque manipular con éxito el pene de su hombre con las manos puede ser una experiencia increíblemente erótica y satisfactoria para ambos. Si quiere cautivar y encantar a su amante una y otra vez, use este libro para mejorar su vida sexual.

Debe recordar que los hombres aprenden a complacerse a una edad muy temprana. Es por eso que el éxito de la paja es dominar una variedad de técnicas y comunicarse con su pareja acerca de lo que se siente bien y lo que no. Con 34 movimientos distintivos explicados aquí, tendrá muchas oportunidades para averiguar qué es lo que más le gusta a su amante. Para facilitar el aprendizaje se agrupan en cuatro secciones: técnicas básicas, frotamiento, torsión y extras. La mayoría de estas técnicas son auto-explicativas, pero algunas de ellas tienen ilustraciones detalladas, que le ayudaran a guiarle a lo largo del camino y a asegurarse de que está haciendo todo bien.

Muchas mujeres son reacias a dar una paja simplemente porque piensan que sus manos se cansaran rápidamente. ¡No hay necesidad de usar las manos haciendo movimientos repetitivos y aburridos! Ahora que tiene mucha diversión y movimientos fáciles a su disposición, aprenderá a tomar un descanso y mantener a su hombre excitado mientras tanto. También hablaremos sobre la importancia de una lubricación adecuada para su paja. El capítulo sobre el pene le dará una visión general de las partes principales del miembro de su hombre y su importancia. Para aquellos de ustedes que les gusta aventurarse en un nuevo territorio, hay un capitulo extra sobre cómo estimular el punto P de su hombre que le dará una gran introducción a este tema. Si usted o su amante son aprensivos con este tipo de juego sexual, siéntase libre de saltarse este capítulo por completo.

᠎᠎

Estar más cerca y más íntimo es de lo que se trata cuando se quiere tener una relación sexual sana y vibrante. Su hombre quiere sentirse amado y deseado tanto como usted. Este libro le enseñará las técnicas esenciales de la paja, que son precursoras de aventuras aún más emocionantes en la habitación. ¡Bienvenida a las nuevas experiencias que tendrá una vez que domine estos consejos!

2. EL PENE DE SU HOMBRE:

TODO LO QUE NECESITA SABER

La anatomía del pene no es tan complicada, pero cada parte es importante ya que juega un papel vital en el rendimiento sexual y vitalidad del hombre. El pene llega a su tamaño máximo cuando el hombre alcanza la edad de la pubertad, y las siguientes son partes importantes que sirven para fines fisiológicos particulares (ver Figura 1):

1. Glande – Es una estructura bulbosa sensual en el extremo del pene que se llama cabeza. El pene está cubierto por el prepucio cuando esta flácido (a menos que este circuncidado: más sobre este tema más adelante). El tamaño del glande varía enormemente, desde ser más ancho en circunferencia que el cuerpo hasta más estrecho. La apertura del glande se llama meato.

2. Cresta Coronal – También llamada corona, es el borde firme de la piel que separa la cabeza del cuerpo. Es muy sensible y es de particular importancia cuando hace una paja a un hombre.

3. Frenillo – A veces es llamado punto F y es una pequeña área o tirador de piel que se asienta directamente debajo de la corona. Hay que decir que esta es una parte ultra sensible y que es muy importante durante una paja.

4. Prepucio – Es un rollo de piel que cubre la cabeza de un pene no circuncidado. Tiene muchas terminaciones nerviosas y proporciona una lubricación natural a la cabeza.

5. Cuerpo – Esta es la parte principal del pene y se siente maravilloso para un hombre que se lo toquen. Asegúrese de mostrar algo de amor en la parte inferior del cuerpo también.

6. Base y Escroto – La base del pene es donde se conecta con el área inferior del abdomen; es esencialmente donde el pene comienza a extenderse desde el cuerpo del hombre. El escroto es un saco delgado de piel dividido en dos testículos. Localizado debajo y directamente detrás del pene, es continuo con la piel del abdomen. El escroto sirve para proteger los testículos y mantenerlos a una temperatura adecuada, lo que afecta directamente la capacidad reproductiva del hombre.

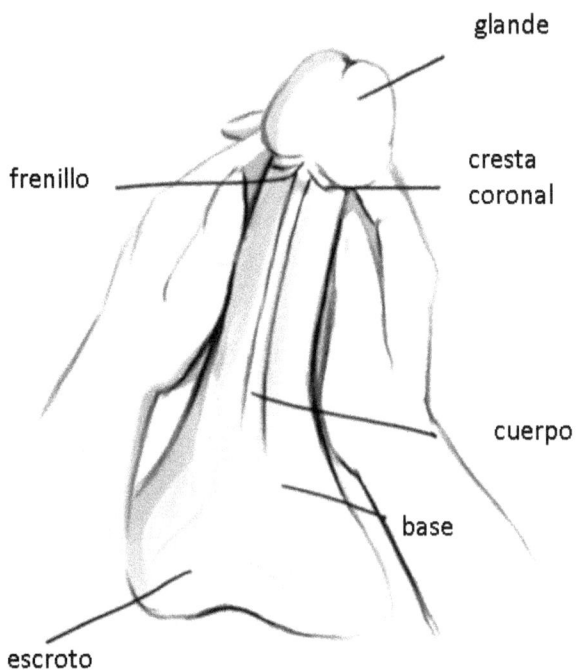

Figura 1. El Pene

¿Por qué algunos hombres son circuncidados? La circuncisión es la remoción quirúrgica del prepucio de la parte superior del pene. Muchas veces se hace como un ritual religioso o por creencias religiosas. La mayoría de los niños estadounidenses están circuncidados. Las razones principales para la circuncisión (excepto las religiosas) incluyen: "mejor" apariencia, mejor higiene y hacer que parezca al de su padre. Las principales razones contra la circuncisión incluyen: el riesgo de infección, dolor, la falta de higiene, disminución de la sensibilidad sexual, apariencia "normal" y "mejor" y, por supuesto, la semejanza con la de su padre. Si su hombre no está circuncidado, debe recordar que el prepucio es muy sensible y que cuando el pene esta erecto generalmente se retrae sobre su cuerpo, dejando la cabeza expuesta y con un aspecto muy similar a la de un pene circuncidado. Un prepucio retraído actúa como un lubricante y es útil durante la paja, sin embargo, usted debe tener una botella de lubricante a la mano. Para algunos hombres no circuncidados, el prepucio no se retrae completamente cuando esta erecto, dejando la cabeza del pene cubierta, pero se puede jalar hacia atrás manualmente si se desea (siempre debe preguntar hasta dónde se debe jalar el prepucio).

Es un error asumir que la cabeza es la parte más sensible del pene. Hay muchas terminaciones nerviosas en las partes mencionadas anteriormente y deben ser incluidas igualmente en su paja. Las técnicas descritas en este manual se centran en todas las partes para dar el máximo placer a su hombre. Tómese el tiempo para aprender sobre el pene de su amante y lo que lo excita, es un arma secreta que toda mujer debe tener en su arsenal. Esto asegurará la mejor calidad de hacer el amor y definitivamente una mayor diversión en la habitación.

Una pregunta interesante es ¿Tiene el pene una mente propia que simplemente no puede ser controlada? La erección suele ser voluntaria. Sin embargo, hay ciertos aspectos que pueden causar una erección que no esté controlada. Algunos buenos ejemplos de esto son las erecciones al despertar o las que ocurren mientras el hombre está durmiendo. Aunque, en su mayor parte, el hombre tiene el control total de su pene y de sus acciones, hay excepciones a la regla. Así que, aunque las mujeres a menudo acusan a sus hombres de tener el 100 por ciento de control de sus erecciones, ese no es siempre el caso. A veces parece como si su pene tuviese mente propia.

Ahora, hablemos de la forma por unos momentos. Usted puede estar inclinada a creer que en el momento de la erección el pene se mantiene recto, sin embargo, la mayoría son ligeramente en forma de bumerán. Además, aunque un pene puede ser llamado como hueso cuando esta erecto, este no está formado por ningún hueso. Sin embargo, aun así puede fracturarse, pero es un hecho poco frecuente y es más frecuente en hombres jóvenes. La mayoría de las fracturas de pene ocurren cuando un hombre empuja demasiado fuerte o demasiado profundo la región pélvica de la mujer.

También hay diferentes pensamientos sobre cuál es el tamaño promedio del pene. En su mayor parte, la gente cree que el pene promedio es más grande de lo que realmente es. Quizás esto viene de los medios de comunicación y de la industria pornográfica. Si usted ve material pornográfico de manera regular, podría fácilmente empezar a creer que el hombre común tiene un tamaño de nueve pulgadas. Sin embargo, el pene común es de 3.4 pulgadas flácido y alrededor de 5 pulgadas erecto. La percepción de que tener un pene más grande de alguna manera hace que un hombre sea un mejor amante es falsa y puede afectar negativamente la experiencia de ambas personas en la cama. Esta creencia también puede causar ansiedad en los hombres sobre el tamaño de su pene y esto sólo tiene un efecto negativo en las relaciones sexuales. En resumen, la satisfacción sexual es diferentemente proporcional a la intimidad entre dos parejas.

Una cosa para los hombres, que son conscientes de tener un pene que sienten que es demasiado pequeño, deben recordar es que la fricción es una parte muy importante de la satisfacción sexual. Hay algunos consejos que ambos miembros de la pareja pueden utilizar para aumentar el placer sexual durante el coito con su pareja. Los hombres que sienten que su pene no es lo suficientemente grande pueden concentrarse en estimular el punto G de su mujer. Lo que les puede faltar en longitud, lo pueden compensar definitivamente dando placer a sus mujeres de la manera más erótica y estimulante. No hay mujer viva que no disfrute de que su punto G se convierta en el centro de atención de su hombre durante el sexo.

Las mujeres también pueden echar una mano (sin juego de palabras), cuando se trata de aumentar la satisfacción sexual. Al apretar los músculos pélvicos mientras hace el amor, la fricción puede intensificar el placer. No se ha dicho lo suficiente acerca de cómo manipular sus cuerpos en varias posiciones para causar mayor fricción que puede ayudar en el área de la completa satisfacción e intimidad sexual.

La edad de un hombre también tiene un gran impacto en su pene y en cómo funciona. El pene erecto de un hombre más joven generalmente apunta a un ángulo de 90 grados hacia su cabeza, mientras que un hombre mayor puede comenzar a ver un cambio en la dirección. Muchos hombres pueden encontrar estos cambios perturbadores y pueden afectar su confianza en sí mismos y la forma en que ven su desempeño sexual, pero no debería ser un problema. Al igual que el cuerpo de una mujer, el cuerpo de un hombre experimenta cambios físicos a medida que envejece, pero son muy normales y no significa que el sexo no pueda o no vaya a ser tan agradable o satisfactorio. Probar nuevas técnicas y varias posiciones pueden contribuir al disfrute físico, así como también a mejorar la relación.

Aunque los hombres pueden variar mucho en cuanto al tamaño, la forma y la función del pene, es posible que un hombre con cualquier tamaño o apariencia de pene pueda disfrutar de relaciones sexuales extraordinarias y alucinantes con una mujer. Como ya se ha dicho, el sexo y disfrute con su amante se basa principalmente en el vínculo y la intimidad que ambos comparten. Si se toman el tiempo para nutrir su relación y aprender acerca del cuerpo de su pareja, pueden tener sexo asombroso y satisfactorio hasta la vejez y en los años venideros. El éxito en cualquier campo de la vida viene del tiempo y de la atención que pone en él. Aprender más sobre el pene de un hombre y cómo funciona asegurará una vida sexual feliz y bien establecida con la pareja de sus sueños.

Adelante, pase un poco de tiempo con el pene de su

hombre esta noche. La práctica hace la perfección y esto no podría sonar más cierto que en el área y el arte del sexo y el hacer el amor.

3. LUBRICACIÓN 101

¿Alguna vez has intentado tener sexo o hacer una paja sin lubricante? Si es así, entonces usted probablemente descubrió muy rápidamente lo importante que es una experiencia sexual sin problemas. El uso de lubricantes, aceites esenciales o lociones ayuda con la fricción que podría causar irritación, y además hace que las caricias sean fantásticas. El sexo seco es igual al sexo aburrido y a menudo incluso al sexo doloroso. ¿Por qué sentirse incomodo al tener relaciones íntimas con su amante? Sus talentos "manuales" serán esencialmente apreciados cuando sus dedos estén lubricados y listos para transportarlo a un nirvana sexual. Cuanto más suaves sean sus movimientos de deslizamiento, mayores serán las posibilidades de un clímax intenso, y eso es exactamente lo que pretendemos. Mojado, mojado y más mojado es siempre mejor cuando se trata de satisfacción bajo las sabanas de seda con su amado.

Hay muchas marcas maravillosas y formas de lubricación para ayudar a que el sexo sea divertido y sensualmente estimulante. Están hechos de diferentes ingredientes y tienen diferentes olores. Encontrar uno que les guste tanto a usted como a su pareja es muy importante. Hay toneladas de variedades en las tiendas y tomarse el tiempo para escoger el que ambos amen es un deber. Lo que podría ser el lubricante más caliente para usted, podría ser el peor para su hombre. Realmente todo depende de sus preferencias personales, las cuales ambos eligen usar durante sus relaciones y actividades sexuales. Al mismo tiempo, usted también necesita saber los ingredientes por si son alérgicos a ciertos materiales como el silicón.

He aquí una lista y descripción de los diferentes tipos de lubricantes:

1. Base Agua

2. Base de Silicón

3. Base de Aceite

4. Vegano y Orgánico

5. Saborizado

ℑ

1. Lubricantes a base de agua: Uno de los mejores tipos, ya que se enjuagan fácilmente de la piel y la tela, son los menos pegajosos e intrusivos, y son menos propensos a causar una reacción alérgica, al ser solubles en agua, la piel y las membranas mucosas los absorberán, pero debido a esto tienen que ser reaplicados con más frecuencia. También son compatibles con los preservativos (a diferencia de los lubricantes a base de aceite que corroen el látex). Un ingrediente a tener en cuenta al comprar un lubricante a base de agua es la glicerina. Puede promover fácilmente las infecciones en las mujeres. Sin embargo, este tipo de lubricante sigue siendo el favorito entre hombres y mujeres por igual.

Los lubricantes populares a base de agua son:

Astroglide: Es el lubricante a base de agua más popular. Fino, pero resbaladizo y duradero, también es un lubricante perfecto para la primera vez.

Astroglide Natural: Versión cristalina del Famoso Astroglide sin glicerina ni parabenos. También libre de sabores, alcohol, fragancias y hormonas.

Maximus: Definitivamente uno de los más favoritos entre los hombres. Esto no es para los tímidos. Es muy grueso y está hecho para una acción seria donde el lubricante necesita durar. También es el lubricante de elección para el juego anal travieso, ya que proporciona un mayor deslizamiento. Con el aumento de la popularidad del sexo anal, la lubricación es absolutamente necesaria para el máximo confort. También es esencial si desea masajear la próstata de su hombre.

Slippery Stuff: Es otro lubricante a base agua. Irónicamente, fue hecho para buceadores submarinos para entrar y salir de sus apretados trajes de neopreno, pero algunos amantes inteligentes encontraron un uso más atractivo para esta cosa resbaladiza. Esta entre el Astroglide y el Maximus, ya que es grueso y duradero. Su único inconveniente es que se vuelve un poco fibroso al secarse.

Gel K-Y: Es el lubricante a base de agua más famoso y el más conocido del mercado, pero desafortunadamente no el mejor. Se seca muy rápido y se vuelve pegajoso al secarse. Originalmente fue diseñado para uso médico (para facilitar la entrada y la limpieza rápida). Los lubricantes mencionados anteriormente son superiores a este.

༃

2. Lubricantes a base de silicón: A menudo se utilizan porque duran mucho más que los de base acuosa y tienen una textura más delgada. Estos lubricantes se utilizan en la fabricación de preservativos prelubricados, debido a su superior compatibilidad con el látex. También son los mejores para el sexo anal, sin embargo, también tienen un lado negativo. No todos los lubricantes a base de silicón son certificados como seguros para el látex y no se recomiendan para su uso con juguetes sexuales fabricados con silicón. Lea cuidadosamente la descripción. Dicho esto, también puede ser la mejor opción cuando se divierte jugando sexualmente bajo el agua. ¿No le encantaría sentir las partes privadas de su amante mientras se escabullen y se deslizan a través de las suyas durante ese travieso placer?

Los lubricantes más populares a base de silicón son:

Wet Platinum: Es un lubricante de alta calidad y larga duración.

Eros Bodyglide: Es muy similar al Wet Platinum, pero más costoso.

ID Millennium: No es tan suave como los otros dos, pero aun así es una opción maravillosa.

☙

3. <u>Lubricantes a base de aceite:</u> Es ideal para las pajas o relaciones sexuales sin preservativos. Como se mencionó anteriormente, no se pueden usar con preservativos e incluso pueden crear pequeños agujeros en el látex. También pueden dañar tus vibradores y juguetes sexuales, especialmente los hechos de látex. Además, son perjudiciales para la vagina (los lubricantes de aceite pueden dificultar la limpieza de las bacterias y, de hecho pueden retenerlas allí, lo que aumenta el riesgo de infecciones de las vías urinarias). Pueden ser deseables para aquellos que se preocupan por los aditivos y conservantes que a menudo se encuentran en otros lubricantes. Algunas personas usan manteca vegetal o aceites esenciales como lubricantes, pero también son perjudiciales para el látex. Sin embargo, un aceite particular, un aceite de coco, puede ser una gran opción para las parejas que no necesitan anticonceptivos, ya que tiene propiedades antibacterianas, antimicóticas y anticándidas.

Los lubricantes más populares a base de aceite son:

Men's Cream (Crema para Hombres): Es uno de los más populares y probablemente uno de los mejores lubricantes a base de aceite. Fue diseñado específicamente como lubricante para la masturbación masculina. Siempre y cuando no lo use para la penetración, ¡esta es una opción maravillosa para una paja agradable y suave! No hay nada como las caricias suaves en un pene duro para hacer acabar a su hombre una y otra vez.

Liquid Goddess (Diosa Liquida): Hecho de aceite de coco virgen prensado en frio, no contiene silicón, glicerina ni parabenos. No mancha las sabanas, es completamente biodegradable y es una opción perfecta para mujeres embarazadas o lactantes.

Firefly Organics: Vea lubricantes orgánicos más adelante.

℧

4. Lubricantes Veganos y Orgánicos: Gran elección para aquellos que se preocupan por la aplicación de productos químicos dañinos, aditivos y productos de origen animal en sus genitales. Por ejemplo, el Líquido Caliente KY utiliza miel de abejas.

Los lubricantes veganos más populares son:

Almost Naked y Cinnamon Vanilla de Good Clean Love: El primero es un lubricante personal apenas presente con un aroma casi indetectable y el segundo tiene más sabor (los aromas de vainilla y canela crean una de las mezclas afrodisiacas más populares).

Encounter (de los famosos fabricantes de Elbow Grease Lubricants): Amigable con los animales, compatible con preservativos y juguetes, y disponible en una gran variedad de sabores. Sin azúcar y de larga duración, es una opción maravillosa para las mujeres.

℧

Los lubricantes orgánicos más populares son:

Lubricantes Good Clean Love: Estos son orgánicos y veganos.

Lubricantes Sliquid Organics: Sin glicerina ni parabeno, mezclado con productos botánicos orgánicos certificados. También vienen en botellas 100 por ciento reciclables e incluso las etiquetas están impresas en papel parcialmente reciclado.

Firefly Organics: Votada como una de la mejor elección por los lectores de Playboy, contiene una mezcla de manteca de karité y manteca de cacao. También 100 por ciento natural, libre de conservantes y acondicionará sus áreas más sensibles. Debido a que es a base de aceite, no es compatible con los preservativos de látex.

ℑ

5. Lubricantes Saborizados: Por lo general, a base de agua con sabor y a menudo contienen azúcar. Son una elección perfecta si quiere añadir un poco de sabor a su relación deseando tentaciones más exóticas. Muchos lubricantes de sabores también proporcionan una sensación de calor.

Los lubricantes saborizados son:

Lubricantes Wet Fun Flavors – Seductive Strawberry y Tropical Fruit: De fórmula ligera, suave como la seda y con sabor a fruta de verdad. Es un lubricante sin azúcar, incoloro, no mancha y a base de agua. Una ventaja adicional - ¡se calienta suavemente con el movimiento! Sóplelo y se calentará aún más. Dese el gusto a sí misma y a su amante con los sabores pecaminosamente deliciosos.

Lubricante ID Juicy Lube, de varios sabores: Este es uno de los lubricantes con sabor más vendidos. A menudo sabe mejor que otros, es completamente inofensivo y se ingiere (comestible) y no mancha. Es a base de agua sin azúcar.

Astroglide Sensual Strawberry: Otro de la famosa familia Astroglide. También a base de agua, no deja residuos y sabe a fresas de verdad.

O'My: Completamente natural y perfecto para los locos de la salud. Es similar al Astroglide, pero sin químicos. Tiene sabores naturalmente dulces que no contienen azúcar. Esta fórmula a base de agua, no mancha y viene en una discreta y sexy botella.

ℑ

Con una gran variedad casi interminable de lubricantes que se venden hoy en día, tanto en línea o en tiendas físicas, simplemente no hay razón para que alguien se quede atascado en una tierra de sexo aburrido. La apariencia satisfecha de su hombre que acaba de llegar al clímax bien vale su tiempo y esfuerzo. Compruebe sus opciones y prepárese para llevar a su amante directamente a la luna en el viaje más suave y cálido que pueda imaginar. Una mano mejor y más mojada está llamando a su puerta y está a solo un chorro de lubricante de distancia. ¡Dele a su hombre la mejor paja de su vida esta noche!

4. PRINCIPALES OBSTÁCULOS

PARA UNA BUENA PAJA

Y CÓMO SUPERARLOS

El pene de un hombre común probablemente pasa más tiempo siendo abrazado por la palma de la mano (ya sea la suya o la de su pareja) que dentro de una vagina o una boca caliente y húmeda, ¡pero eso no significa que las mujeres o los hombres sean expertos en hacerse la paja!

Cuando se trata de complacer a su pareja con las manos, usted se enfrentará a los siguientes tres obstáculos principales para perfeccionar el arte de sus técnicas:

1. Las pajas son inferiores a las mamadas y las relaciones sexuales.

Más bien, se cree que lo son. Por ejemplo, hay hombres que le dirán con confianza que ninguna mujer puede hacerles una mejor paja que ellos mismos. Además, algunas mujeres piensan que los hombres prefieren una mamada, en caso de no haber coito. Sin embargo, con todos los beneficios y la flexibilidad que ofrecen las pajas, debemos tener cuidado de no subestimarlos. A veces una paja es la única opción que permite a su amante satisfacer al otro sin dejar de ser completamente discreto. También hay muchos hombres que prefieren las pajas en vez de las mamadas (¡es verdad!). Por estas razones, usted debe tomar el tiempo para dominar las técnicas de este libro para hacer una paja que detenga el corazón de su pareja. Y recuerde, ya que su boca no está ocupada, usted puede utilizar palabras sucias o besos para agregar más intimidad y excitación.

2. Él conoce su sistema mejor que usted.

Es cierto que los hombres tienen años de práctica, pero siempre preferiría una paja (una buena) a una sesión en solitario. Esta es la razón por la que el dominio de las técnicas de pajas le dará una inmensa ventaja. Lo más probable es que su hombre se haya acariciado a si mismo con los mismos movimientos de siempre, por lo que el hecho de que usted toque su pene desde un ángulo diferente ya le resultará más excitante. Eso no quiere decir que algunas de nosotras no sepamos cómo manejar un pene correctamente y que inadvertidamente podamos dañar a nuestras parejas. Lo que nos lleva al siguiente obstáculo…

3. ¡Le han dicho (ya sea directa o indirectamente) que usted no sabe pajear!

¡Mortificante! ¡Vergonzoso! ¡Humillante! No importa si su amante se lo dice directamente, si simplemente no puede llevarlo al orgasmo o si le interrumpe en medio de la acción porque está demasiado cansado para acabar. De cualquier manera, es una mierda. Después de experimentar una de estas situaciones, muchas mujeres naturalmente perderán la motivación para hacer una paja en el futuro o simplemente la descartarán como algo sin importancia e incluso no esencial. ¡Ahí es donde se equivocan! Es realmente fácil aprender a hacer una paja extraordinaria con las técnicas y explicaciones paso a paso. Los consejos creativos que aprenderá en este libro llevaran sus pajas a un nivel completamente nuevo.

5. CÓMO ACTIVAR EL ESTADO DE ANIMO

Para que su hombre se excite con lo que le espera por el camino de la seducción sensual, primero comience por coquetear con él. Los hombres pueden decir que no les gusta que los provoquen, pero les encanta un poco de tentación provocativa para calentarlos y crear el ambiente. Pídale que se relaje y cierre los ojos. Bésalo tiernamente en los labios. Comience a acariciar ligeramente el exterior de sus pantalones, "accidentalmente" rozando su creciente bulto. La mejor posición para empezar es arrodillarse entre sus piernas. Usted puede tenerlo acostado boca arriba más tarde, invitándolo a relajarse completamente.

En primer lugar, recuerde ser gentil y cariñosa con su amante cuando baje y se ponga a realizar la magia con sus manos. Una manera agradable y muy sexy de añadir un poco de emoción al momento de dar una paja es alternar las manos y usar ambas manos al mismo tiempo. Los movimientos retorcidos que se tratan más adelante en el libro harán que su hombre se ponga de rodillas y le pida más placer. Tampoco descuide a sus gemelos debajo del cuerpo de ninguna manera. Los testículos (pelotas, bolas, cojones) de los hombres son extremadamente sensibles, y muchas mujeres se olvidan de incluir estas dos partes muy importantes de la anatomía sexual de un hombre. Por supuesto, tenga en cuenta la sensibilidad del saco de su amante y no apriete demasiado fuerte. ¿Por qué no besarle y chuparle las pelotas? Sin duda, ganará demasiados puntos al hacerlo. Para la máxima profundidad de la pasión y el romance, no hay nada como tratar a su hombre con todo lo que sus manos (y el resto de su cuerpo) tienen que ofrecer.

También hay una pequeña protuberancia de piel extra sensible en el pene de su hombre, el frenillo, que lo hará gritar de placer si se asegura de incluirlo en su paja. Esta pequeña área de tejido es unas de las áreas menos aprovechadas de los genitales masculinos. Si usa una mano para jugar con el frenillo mientras pajea su pene con la otra, lo volverá absolutamente loco.

Como se mencionó anteriormente, mantener una mirada semi-intensa y erótica en los ojos de su hombre mientras usted estimula su pene es una adición muy seductora a la extraordinaria paja que le está dando. Los hombre son criaturas visuales y ver a su mujer llevarlos al orgasmo con sus manos es fascinantes para ellos. Si quiere, puede liberar un poco de saliva de su boca mientras trabaja lentamente, pero con mucha determinación, subiendo y bajando, volviéndolo loco y deseando más de usted. Puede convertirse en su propia diosa del sexo si juega bien sus cartas y usa bien sus manos. ¡Ahora está lista para empezar a dominar las técnicas de una paja que su hombre no olvidará nunca!

6. TÉCNICAS BÁSICAS

1. Movimiento Básico

Empiece con un movimiento lento del cuerpo de su pene sin tocar la cabeza. Haga esto durante minutos como un calentamiento.

ᴣ

2. Movimiento de Sanación

Apoye el pene de su hombre en su estómago y ponga las pelotas en una mano. Deslice el talón de la otra mano (o toda la palma de la mano) hacia arriba y hacia abajo por la parte inferior del pene (Ver Figura 2).

Figura 2. Movimiento de Sanación

ℑ

3. Provocación

Provoque a su hombre por un rato – ignore la cabeza y simplemente acaricie el cuerpo de su pene y las bolas. ¡Esto lo volverá loco!

ℑ

4. Masajee la Cabeza

Sostenga su pene firmemente con una mano y masajee suavemente la cabeza con la otra. Es una gran manera de esparcir el lubricante. Como la cabeza tiene tantas terminaciones nerviosas, ¡seguro que le encantará!

ℑ

5. Calentamiento Rápido

Entrelace las palmas de sus manos y agarre su pene en el medio. Muévase hacia arriba y abajo y de lado a lado, aumentando la velocidad. Asegúrese de usar mucho lubricante (Ver Figura 3).

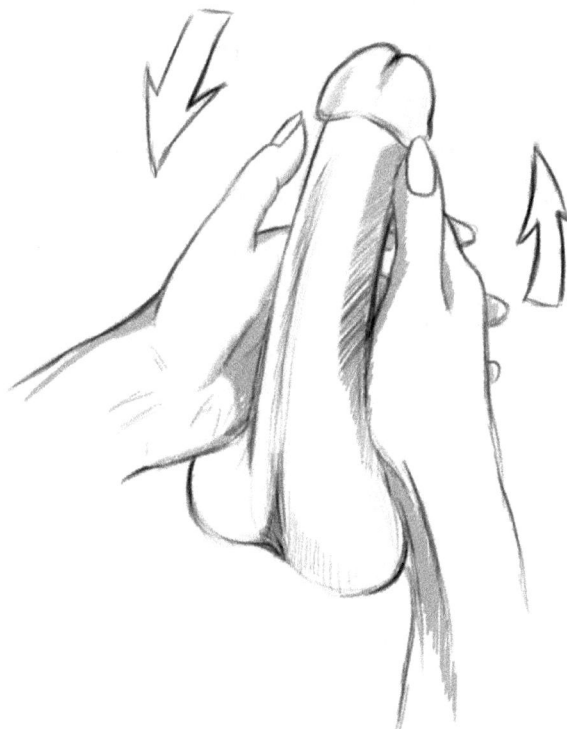

Figura 3. Calentamiento Rápido

ℑ

6. Traslado del Pene

Haga que su hombre se sienta enorme usando su pene para un juego de atrapar de lado a lado. Deslice el pene de un lado a otro entre sus manos, aumentando la velocidad. A medida que avance y retroceda, ambos sentirán lo pesado y duro que es (Ver Figura 4).

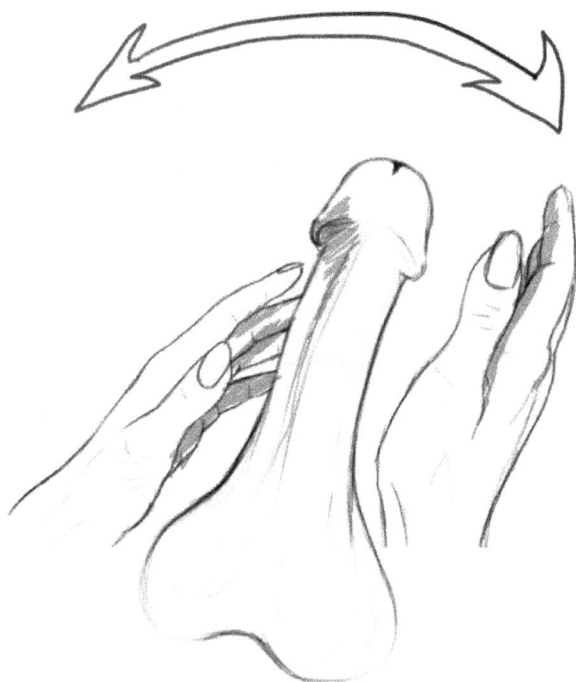

Figura 4. Traslado del Pene

𝕵

7. Penetración Sin Fin

Esta técnica merece mucha atención y podría convertirse en la nueva favorita de su hombre. Agarre la parte superior del pene con una mano y comience a moverse lentamente hacia abajo. Levante la otra mano antes de que la cabeza de su pene salga para la siguiente penetración. Con cada movimiento, deje que el pene penetre en sus puños dando una sensación de una vagina sin fin (Ver Figura 5).

Figura 5. Penetración Sin Fin

༺

8. Penetración Inversa

Esta técnica es justo lo contrario de la Penetración Sin Fin: use una mano tras otra, pero siga subiendo. Cuando una mano llegue a la parte superior, comience con la otra mano en la base y suba. Después de unos pocos movimientos, puede cambiar a Penetración Sin Fin de nuevo.

༺

9. Intercambio

Alterne entre usar el pulgar hacia arriba y el pulgar hacia abajo. También puede alternar entre ambas manos. Esto lo mantendrá a él interesado. ¡Mezclar los movimientos también evitará que sus manos se cansen demasiado!

7. TÉCNICAS DE FROTAMIENTO

10. Movimiento Clásico

Agarre su pene firmemente por la base con la mano izquierda y presione hacia abajo. Deslice hacia arriba y hacia abajo la parte superior del pene con su mano derecha aumentando gradualmente la velocidad (cambie si es zurda). Una vez que empiece a ir más rápido, este será un clásico movimiento para pajear.

ℑ

11. El Camino de Menor Resistencia

Una vez que el pene este duro y parado, utilice esta técnica para aumentar el calor. Empújelo suavemente hacia abajo hasta el estómago con la palma de su mano. Sostenga el pene contra el vientre de su hombre y deslícese hacia arriba y hacia abajo por la parte inferior del cuerpo del pene. Para hacer que esto sea súper sexy, suba todo su cuerpo y use las dos palmas: baje y levántese mientras sus manos se deslizan hacia arriba y hacia abajo por su pene.

ℑ

12. Lamida de Lengua

Use la palma de su mano bien lubricada como si usara la lengua para lamerle el pene por todas partes, especialmente en la parte inferior de la cabeza. ¡Imagine que es una gran chupeta! El uso de un lubricante caliente para esta técnica hará que se sienta como si fuera su lengua.

ℑ

13. Paja Inversa

Al igual que el movimiento clásico, solo tiene que girar el pulgar hacia abajo. ¡Esto se sentirá diferente para él y cada nuevo movimiento lo excitará aún más!

ℑ

14. Interruptor de Luz

Es otra variación del movimiento clásico; hágalo despacio y cada vez que llegue a la parte superior de su pene, deslice su pulgar hacia un lado de la cabeza y luego hacia el otro (como si encendiera y apagara las luces). ¡La sensación lo dejará con ganas de más (Ver Figura 6)!

Figura 6. Interruptor de Luz

ℑ

15. Jugando Con Fuego

Frote su pene entre las dos palmas de las manos como si estuviera frotando dos palos juntos para iniciar una fogata. Sube y baja, rápido y lento, suavemente y con más presión. ¡Use mucho lubricante para esta técnica (Ver Figura 7)!

Figura 7. Jugando Con Fuego

𝔍

16. Sujetalibros

Coloque ambas manos una al lado de la otra contra el cuerpo de su pene como un par de sujetalibros. Presione firmemente contra su pene. Sube y baja, aumentando la velocidad.

8. TÉCNICAS DE TORSIÓN

17. Pomo de Puerta

Mientras sujeta firmemente el pene de su hombre con una mano, coloque la palma de la mano abierta sobre la cabeza. Agárrelo ligeramente con los dedos y gire la mano hacia adelante y hacia atrás como si estuviera girando el pomo de una puerta. Es una técnica que nunca falla y que volverá loco a su hombre, ¡sólo sea generosa con el lubricante (Ver Figura 8)!

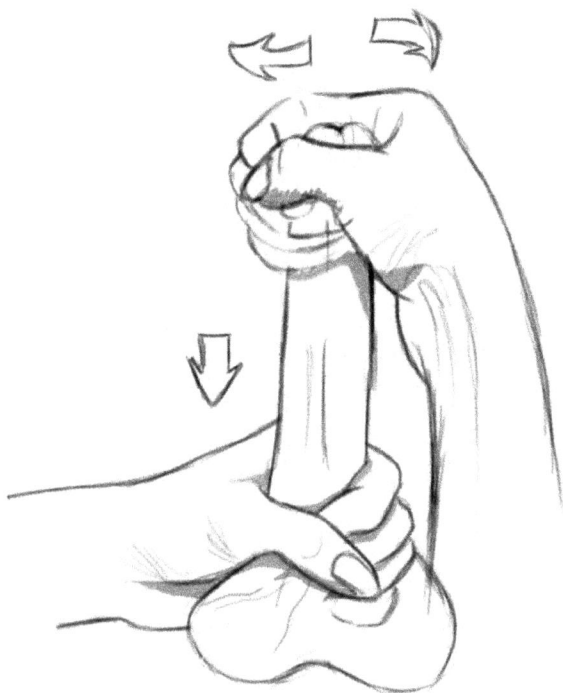

Figura 8. Pomo de Puerta

ℑ

18. Sacacorchos

Haga un anillo con el pulgar y el índice y use un movimiento de sacacorchos para hacer una espiral con el pene de su hombre hacia arriba y hacia abajo. ¡Luego, agregue un poco de movimiento de lado a lado con el codo para lograr mucha torsión (Ver Figura 9)!

Figura 9. Sacacorchos

Use una segunda mano/anillo y trabaje con ambas manos, deslizándose hacia arriba y hacia abajo una detrás de la otra, pero cada mano debe girar en una dirección diferente (Ver Figura 10).

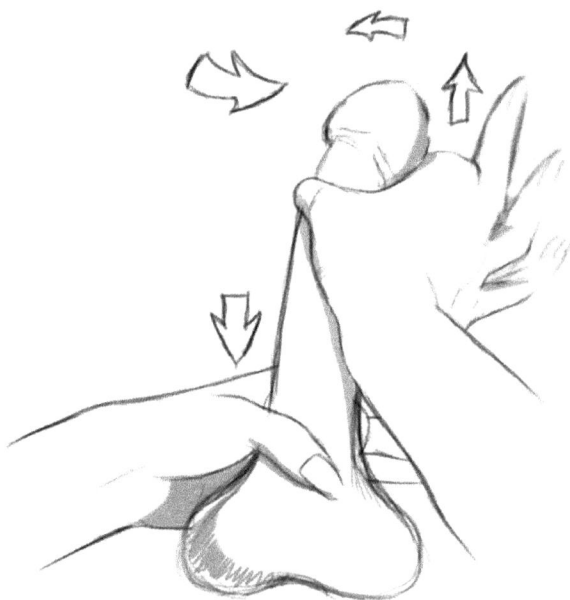

Figura 10. Sacacorchos

ℑ

19. Mezclador de Cocteles (Swizzle Stick)

Al igual que el Sacacorchos, use sólo los puños enteros en lugar de sólo dos dedos. ¡Esta técnica le volará la cabeza a su hombre de tal manera que no la dejará en paz (Ver Figura 11)!

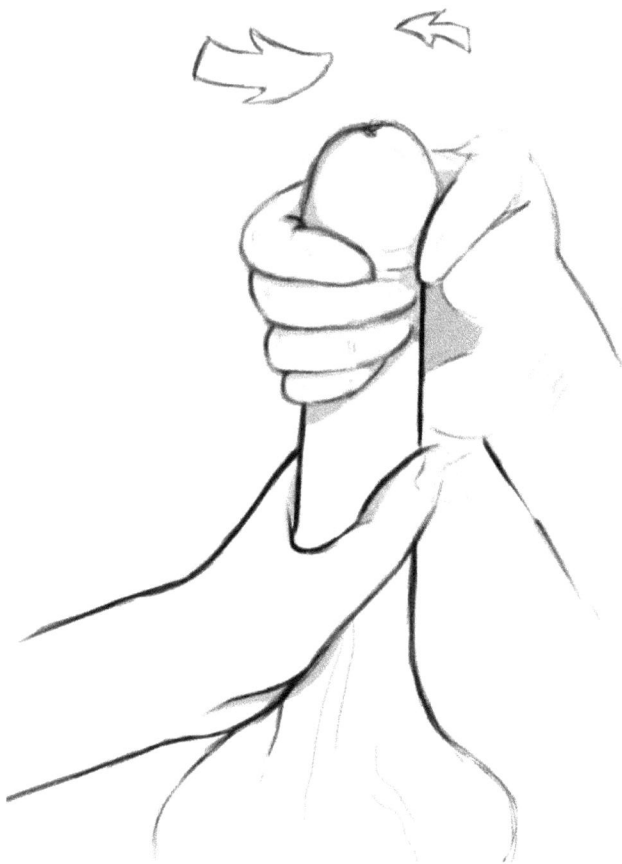

Figura 11. Mezclador de Cocteles (Swizzle Stick)

𝕵

20. Gira y Grita

Tire de la piel del pene hacia la base con una mano. Aplique la técnica de Sacacorchos con la otra mano (ya sea con dos dedos o con los puños). Trate de ser cuidadosa con esta técnica.

𝕵

21. Juego de Pellizcos

Pase lentamente un dedo por debajo del pene de su amante. Pregúntele cuál es su parte más sensible. Una vez que la localice, apriete, pellizque, muérdalo y simule que se meterá con ese punto.

𝕵

22. Apretón Sexy

Apriete suavemente la base y la mitad del pene de su hombre con un movimiento pulsante. Al mismo tiempo, pellizque ligeramente la piel de la parte inferior del pene.

ᘓ

23. Gran Apretón

Tire de la piel del cuerpo del pene hacia la base con una mano y enrolle dos dedos alrededor como un anillo de verga (dedo pulgar e índice). Con la otra mano, escoja y apriete rítmicamente varios puntos en los lados opuestos del cuerpo del pene, liberando la presión inmediatamente o después de un breve periodo de tiempo.

9. TÉCNICAS EXTRAS

24. Juego de Bolas

¡A la mayoría de los hombres les encanta que les aprieten las bolas! Mientras acaricia su pene, masajéele suavemente las bolas con la otra mano. Pregúntele si le gusta. Algunos hombres son muy sensibles, mientras que a otros les gusta lo rudo. Para un calor extra, agarre sus bolas en una mano y suba y baje lentamente el cuerpo del pene con la otra mano mientras hace contacto directo en los ojos.

ℑ

25. Provocación Oral

Cada paja puede tener un poco de sexo oral para

aumentar la excitación. Mueva su boca al lado de la mano mientras acaricia el pene; hágalo en conjunto para incrementar la pasión. ¡Entonces gire su lengua alrededor de la cabeza de su pene y él estará rogando por más! El uso de lubricante comestible hará que este sea más sabroso y divertido para usted.

ꝫ

26. Anillo para el Pene

Haga un anillo con el pulgar y el índice y apriete la base del pene con esta mano. Aplicando presión, mueva este anillo hacia arriba por el cuerpo del pene cerrándolo en la cabeza y luego vuelva a apretarlo cuando usted se mueva hacia abajo. Después de unas cuantas veces, mantenga su anillo en la base y deslice su otra mano hacia arriba y hacia abajo del pene. La presión del anillo lo pondrá más duro y más sensible al tacto.

ꝫ

27. Anillo de Cambio

Use esto cuando cambie de técnica o cuando quiera refrescar un poco a su amante. Haga el anillo alrededor de la base de su pene y apriételo suavemente. El anillo de comprensión pondrá duro su miembro al no dejar escapar la sangre. También es una buena manera de hacer una pausa y no dejar que su hombre pierda la excitación.

ℑ

28. Fuego y Hielo

Use un lubricante caliente primero para masajear su pene. Luego cambie a un cubo de hielo y haga círculos alrededor de la base y a lo largo del cuerpo. El contraste entre caliente/frío lo pondrá más duro. Es mejor continuar con las manos calientes.

ℑ

29. Fuegos Artificiales

Agarre el pene de su hombre con fuerza (no demasiado fuerte, como si estuviera tratando de arrancarlo de su cuerpo) y dele el orgasmo más intenso que haya tenido antes. Use una de sus manos para mantener firme la base del pene mientras agarra y desliza rápidamente hacia arriba y hacia abajo con la otra mano. ¡Concéntrese en la cabeza y la corona debajo de cabeza del pene y le volará la cabeza!

ℑ

30. Punto F

¿Recuerda que hablamos de un punto muy sensible

en el pene de un hombre? Mantenga su pene firme en la base con una mano y rodee lentamente la corona con los dedos. Cuando llegue al frenillo, dele unos cuantos toques rápidos antes de continuar dando placer a la corona. Empiece a trabajar su mano arriba y abajo del cuerpo del pene. Un gran conjunto de terminaciones nerviosas se encuentran en el frenillo, así que cuando lo toque responderá con una explosión de gemidos y quejidos.

჻

31. Venda para los Ojos

Vende los ojos a su hombre cuando empiece una paja para que sea más sensacional. No ver lo que está haciendo y no saber lo que viene después lo volverá loco.

჻

32. Empuje Salvaje

Haga que su amante le empuje la pelvis mientras mantiene las manos quietas. Esto se sentirá muy diferente para él cuando este acostado boca arriba o sentado en una silla. Él tendrá más control de su clímax y usted tendrá la oportunidad de tener un pequeño descanso. Así él también podría llegar al clímax más rápido con esta técnica.

꒓

33. Doble Placer

Esta técnica se puede utilizar cuando usted quiera terminar su paja con la penetración. Frote su clítoris contra su pene a lo largo del cuerpo o solo en la cabeza. Agregar más lubricante le dará mucho más placer. Esto se sentirá absolutamente divino para ambos.

꒓

34. Estilo Perrito

Ponga a su hombre en posición de perrito y arrodíllese detrás de él. Agarre su pene con su mano dominante y comience a acariciarlo con movimientos básicos hacia abajo y hacia arriba. Muéstrele amor a sus testículos también. Con la otra mano, acaricie sus nalgas. También puede besar y masajear su ano. ¡Esta técnica le volará los calcetines!

La Línea de Meta

Evite dos de los errores más grandes que muchas

mujeres cometen al final. No lo suelte demasiado pronto, y siga usando la misma técnica una vez que sienta que está a punto de llegar al clímax, sólo aumente la intensidad. Cuando él esté llegando al orgasmo, es muy importante mantener un agarre y ritmo constantes. Sólo cambie las cosas si quiere que dure más tiempo. Una vez que esté en el clímax, siga adelante. El orgasmo de un hombre puede durar unos segundos y se siente celestial si sigue adelante todo el tiempo. Espere a que le dé una señal de que ha terminado. Si lo deja ir demasiado pronto, puede robarle las intensas sensaciones finales.

¡Después de incorporar estas técnicas le dará un orgasmo fuera de este mundo que despertará a los vecinos!

10. JUGUETES SEXUALES AL RESCATE

Como se mencionó anteriormente, encontrar nuevas formas de mejorar su vida sexual es de suma importancia. Los juguetes sexuales son una gran herramienta para una mejor/más rápida/más intensa experiencia con las manos. ¿Por qué incorporaría un juguete sexual mientras hace una paja? Úselo a su favor, ya que puede disfrutar de un descanso mental al seguir diferentes técnicas para ofrecer una actuación estelar. A menudo, también es más fácil en sus manos.

Hay juguetes sexuales para cada presupuesto – desde Poundland (Tienda de precios de 1£) hasta de diseñadores – y vienen en tantas variedades que sería difícil no encontrar al menos un juguete que le guste. Hay juguetes para los juegos previos y para el coito, así como también, los juguetes que solo le añaden un poco de intimidad en lugar de ser parte del acto en sí.

Un juguete sexual en particular que es muy útil cuando se da una paja es la camisa de la masturbación. Debido a su textura realista y apariencia discreta, es uno de los juguetes sexuales más populares para los hombres. Con aberturas que parecen reales, está diseñada para simular las sensaciones del sexo vaginal, anal y oral. Estos son juguetes sexuales fantásticos que deben ser añadidos a su arsenal de herramientas de "sexo" para complacer a su hombre.

"Pero mi amante puede usarlo por sí mismo; !no me necesita!" Eso es correcto. Sin embargo, le gustará aún más si usted lo usa con él. Estos juguetes están diseñados para simular las sensaciones inconfundibles e intensas del sexo. ¡Seguramente le volarán la cabeza!

Hay diferentes tipos de camisas de masturbación, puede elegir usar una o varias. Mis favoritas son fabricadas por Fleshlight. Me gustaría añadir una cláusula de exención de responsabilidad en el sentido de que este contenido no está patrocinado de ninguna manera por ningún fabricante/empresa de juguetes sexuales. Recomiendo Fleshlight basado en mi práctica y experiencia. ¡A mi pareja y a mí nos gusta mucho! ¡Le invitamos a buscar por su cuenta, probar diferentes marcas y compartir sus comentarios!

Una de las mejores camisas de masturbación es la "Flight" de Fleshlight. La apertura de este juguete tiene un efecto de remolino ergonómico, lo que significa que absorbe a su hombre, como una turbina, con total facilidad. Con las Fleshlights estándar de 10 pulgadas de largo, a veces se puede sentir como si no pudiera disfrutar de toda la longitud del juguete. La camisa de 6.5 pulgadas de Fleshlight Flight es lo suficientemente larga para satisfacer cada pulgada de la mayoría de los hombres. El estuche es pequeño y discreto y permite un fácil manejo y agarre.

A continuación, la mejor camisa para la sensación de la vida real es la "Complete Fleshlight". Viene con el estuche y el inserto todo en uno. La más popular es "la Unidad de Entrenamiento Pink Lady Stamina", que tiene una entrada suave y cómoda en forma de vagina y unos increíbles bultos y nódulos en su interior que le darán a su hombre la sensación más intensa de sexo real. El estuche tiene un tamaño estándar de 10 pulgadas, lo que significa que puede usar cualquier otro inserto de Fleshlight con la Unidad de Entrenamiento Stamina si lo desea.

La mejor Fleshlight para la discreción es sin duda alguna "Sex in a Can", lo que significa en español (Sexo en lata). Es más corta (6.5 pulgadas de longitud interna) y más discreta que la Fleshlight estándar. ¡También es más portátil, para que usted y su hombre puedan llevarla fácilmente a cualquier parte! Además, es más económica, así que si no está segura de si estos juguetes son para usted, puede probar este. Todavía tiene una gran variedad, ya que puede elegir entre vagina, trasero y apertura/camisa con forma de boca.

La mejor Fleshlight para viajar es la "Go Surge". ¿Por qué no "Sex in a Can"? Los modelos "Go" están específicamente diseñados para viajar y son un 17% más cortos que la Fleshlight original.

¿Qué tal la favorita para que la usen las mujeres? Probablemente la "Ice Lady Crystal Fleshlight". Es completamente transparente, así que puede ver a su hombre mientras se pone erecto y más grande y finalmente explotar de placer. Satisfará tanto los deseos de su hombre como los de su voyerista.

Por último, la Fleshlight "Quickshot" ofrece todas las ventajas con un tiempo de limpieza mínimo. Este juguete tiene la mitad del tamaño de la Fleshlight original y está abierto en ambos extremos. ¡Es perfecto para echar una mano y casi no requiere tiempo para limpiarlo!

Por supuesto, antes de empezar, asegúrese de mojar el pene de su amante con una generosa porción de lubricante a base de agua para una navegación suave. ¡Su hombre estará encantado con este juego tan divertido y usted estará contenta de haberlo intentado!

11. ESTIMULACIÓN DE LA PRÓSTATA:

EL NUEVO CAMINO HACIA EL PLACER

La estimulación de la próstata, aunque prácticamente no se habla de ella hace unos pocos años, se ha convertido en un tema de gran importancia entre las mujeres, los hombres y la comunidad médica también. La sexualidad y el papel y la función del pene se han convertido en temas más populares que nunca. El conocimiento es poder y esto incluye temas de intimidad y técnicas sexuales que pueden aumentar el placer obtenido del sexo satisfactorio y excitante.

El punto G de una mujer ha sido ampliamente discutido y contemplado durante años, pero solo en la última década, más o menos, alguien ha arrojado mucha luz sobre el punto P de un hombre. Es un lugar muy importante en la próstata de un hombre que puede causar orgasmos intensos y satisfacción sexual extrema. De hecho, es esencialmente el punto por excelencia y también se cree que es el centro emocional del hombre. Masajear el punto P puede ayudar a aliviar el estrés y la tensión junto con una sensación increíblemente erótica.

Antes de explicar cómo estimular y masajear el punto P, es importante saber qué es y dónde se encuentra. La próstata es una pequeña glándula que almacena el semen que se encuentra detrás de la vejiga y debajo del pene en la raíz. La próstata a menudo contiene semen estancado, que no es saludable para ningún hombre. Masajear el punto P puede liberar este semen y limpiar la próstata también. Si hay una acumulación de semen viejo en la próstata de un hombre, puede hacer que crezcan bacterias y se puede formar una hinchazón en esta área, lo cual es incómodo y medicamente riesgoso.

También hay otros beneficios de la estimulación del punto P. Reduce en gran medida el riesgo de un hombre a padecer cáncer de próstata y testicular. También puede aliviar las repetidas visitas nocturnas al baño. Como beneficio adicional, el masaje regular del punto P puede mejorar su función eréctil y la circulación a través de todo el pene. Cualquier hombre que sea consciente de sus erecciones, diciendo que no son tan firmes o duraderas como solían ser, necesitan seriamente investigar los tantos beneficios del masaje de próstata.

A medida que este tema se va haciendo cada vez más popular, una pregunta común que se hacen los hombres en general es si duele o no que se les estimule el punto P. la respuesta es un rotundo "no". De hecho, lo contrario ocurre en la mayoría de los casos cuando se masajea la próstata de un hombre. Puede causar placer y disfrute sexual extremadamente intenso ¿La idea de tener orgasmos múltiples y de que esos orgasmos sean más largos suena tentador? Entonces la estimulación del punto P es definitivamente un comienzo seguro de un pene más sano y una vida sexual más emocionante tanto para los hombres como para las mujeres que los aman.

Durante años los hombres han sido codiciosos de las mujeres y sus orgasmos más duraderos, cuando todo el tiempo han tenido su propio lugar especial para el nacimiento de orgasmos extraordinarios. Los hombres tienen ahora el equivalente del punto G de una mujer. Finalmente, la gente está hablando de este lugar secreto que ha sido un tesoro escondido debajo de la raíz del pene del hombre, esperando ser descubierto todo este tiempo.

Teniendo todo esto en mente, debemos recordar que no todos los hombres están dispuestos a entrar en territorio desconocido. Pero si esta con una pareja que si quiere explorar este punto, prepárese para sentir como se mueve la tierra cuando experimenta los orgasmos locamente eróticos. Una vez que descubra los placeres de la estimulación del punto P, se preguntará como ha tenido relaciones sexuales sin él. De hecho, los hombres que lo han probado y amado dicen que tienen los mejores orgasmos y aman cada minuto. Se necesita un poco para acostumbrarse y aprender a hacer el masaje, pero los beneficios bien valen la pena y el esfuerzo.

Otro punto que vale la pena mencionar es que muchos hombres heterosexuales se muestran reacios a cualquier tipo de estimulación anal o prostática. Tienen una fobia que de alguna manera hacer cualquier tipo de masaje anal o de próstata significará que son homosexuales, lo cual, por supuesto, no es el caso. Calmar los temores de su hombre sobre este sensible tema es la mejor manera de hacer que se sienta lo suficientemente cómodo para explorar el concepto y luego estar en camino a los mejores orgasmos que haya tenido en su vida. Cualquier nueva técnica sexual puede ser estresante e insegura al principio, pero como con cualquier otra cosa, la practica hace la perfección. No conocer el propio cuerpo y cómo funciona puede llevar a malentendidos sobre la próstata y su estimulación. Incluso durante un examen médico, un hombre puede lograr una erección debido a la ubicación de los nervios a lo largo de los lados de la próstata. Muchos hombres tienen miedo de este tipo de estimulación, pero simplemente aprender sobre las funciones del pene y la próstata puede ayudar a calmar estas inhibiciones.

También existe una gran preocupación por la limpieza al estimular la próstata o tener cualquier tipo de juego anal durante las relaciones sexuales. Asegúrese de ir al baño de antemano y limpiar con algunos pañuelos desechables o toallitas húmedas antes y después del juego puede ayudar a resolver esta preocupación la mayor parte del tiempo. Si planea practicar mucho sexo anal, es posible que prefiera usar un enema para asegurarse la máxima limpieza. Además, lavarse con agua y jabón suave proporcionará una capa extra de limpieza, al mismo tiempo que añadirá mayor comodidad a toda la experiencia física y mental. ¡Lleva tiempo acostumbrarse, pero por supuesto, cualquier cosa desconocida o fuera de lo común suele hacerlo!

También es importante cortar las uñas y usar un guante para protegerse, ya sea que uno elija estimular la próstata por sí mismo o que otra persona lo haga. También asegúrese de tener lubricante a mano y una toalla. Si utiliza un juguete anal de silicón, lo mejor es utilizar lubricante a base de agua, como se explicó en el capítulo Lubricación 101. Además, tener más de un tipo de lubricante listo es una buena práctica, especialmente si se trata del juego anal.

Al igual que con el sexo que todos conocemos, experimente con la diversión y las diferentes posiciones al participar en juegos de próstata y sexo anal. Algunos hombres realmente disfrutan de la posición de "estilo perrito", mientras que otros obtienen el mayor placer acostados a sus espaldas. Cada persona es única, así que practicar para encontrar la posición que más le convenga a usted y a su pareja es su mejor opción. Nunca puede haber demasiada practica cuando se trata de la actividad sexual. Mírelo como un viaje desafiante, y asegúrese de disfrutar cada paso a lo largo del camino.

Comience lentamente al entrar en un mundo placentero de estimulación del punto P. vaya suavemente y con cantidades variables de presión al principio para encontrar esa técnica perfecta para complacer a su amante. Lentamente guie su dedo dentro del ano asegurándose de apuntar hacia el frente del cuerpo de su hombre. No debería ser difícil localizar la próstata, y se encuentra entre 2 y 3 pulgadas dentro del ano, todo dependiendo de la anatomía de su hombre. Usted sentirá una superficie redonda del tamaño de una nuez cuando la encuentre. Una vez encontrada, la diversión comienza. Usted puede experimentar acariciando o moviendo su dedo alrededor del órgano en círculos. Pregúntele a su amante qué prefiere y deje que la guie a lo que es más erótico y excitante para

él. Es un punto sensible lleno de muchos vasos sanguíneos, así que asegúrese de no clavar ni pinchar nunca la próstata. Haga caricias tiernas y en círculos es lo principal del juego para lograr la satisfacción durante el juego anal.

Definitivamente, puede combinar la estimulación del punto P con algunas técnicas de paja mencionadas anteriormente. Por ejemplo, masajear su perineo con el pulgar o los dedos índice y medio mientras acaricia el pene antes de entrar en el ano. Esto lo relajará y lo hará más abierto a la estimulación. Siga acariciando el pene de su hombre mientras su dedo índice está dentro de su ano y masajee su perineo con su pulgar. Esto puede requerir mucha coordinación de su parte y puede parecer una tarea difícil, pero definitivamente vale la pena. Un orgasmo logrado por un masaje del punto P hará que los músculos del ano se contraigan alrededor de su dedo para que usted sepa cuando ha tenido éxito.

Si usted y su amante deciden usar juguetes anales, tome decisiones sabias al comprarlos. Los juguetes de vidrio, acero inoxidable y silicón no son porosos, por lo que no hay tanto riesgo de que se formen bacterias en el juguete. Muchos incluso tienen un lazo en el extremo para facilitar su uso y aferrarse a él.

Tómese el tiempo para leer e investigar el increíble

placer que se puede lograr con una estimulación del punto P. Aprenda todo lo que pueda sobre la próstata en sí y cómo reacciona a los estímulos le asegurará la mayor diversión para usted y su pareja.

La increíble alegría de tener una vida sexual sana y activa no es difícil de obtener y solo requiere un pequeño esfuerzo por parte de ambas personas, y el resultado final puede ser como ningún otro que haya experimentado antes. Una vez que los temores se disipen y se alcancen cierto nivel de comodidad, usted y su amante estarán en el camino hacia la mejor vida sexual que haya compartido y, a su vez, hacia una relación más saludable en su relación.

Notas Del Autor

¡Gracias por leer! Espero que haya disfrutado de este libro.

Por favor, tenga la amabilidad de dejar un comentario en Amazon si encuentra que la información es útil o si ha recibido valor de ella de alguna manera.

¡Se lo agradecería mucho!

Mi nuevo libro **"69 Posiciones Sexuales. Movimientos Esenciales Para Mejorar Su Vida Sexual (con ilustraciones)"** ya está a la venta y será una gran edición para su biblioteca.

¡Échale un vistazo en Amazon!

NOTAS

NOTAS

NOTAS

NOTAS

NOTAS